Inhalt

Der Aufschwung vor dem Ende - kommt jetzt Keynes?

Kernthesen

Beitrag

Fallbeispiele

Weiterführende Literatur

Impressum

Der Aufschwung vor dem Ende - kommt jetzt Keynes?

R.Reuter

Kernthesen

- Die Konjunkturerwartungen der deutschen Wirtschaft trüben sich immer stärker ein.
- Das Bundeswirtschaftsministerium hat daher ein Konjunkturprogramm aufgelegt, dessen Nutzen aber umstritten ist.
- Nach einem Machtwort der Bundeskanzlerin ist das Programm zunächst einmal vom Tisch, wird in der Diskussion der nächsten Monate aber sicherlich eine Rolle spielen.

Beitrag

Die Ideen des Wirtschaftsprofessors John Maynard Keynes zur Ankurbelung der Wirtschaft feiern derzeit ein Comeback. In Amerika greift man bereits auf keynesianische Instrumente zurück - in Deutschland stehen sie noch in der Diskussion.

Konjunktur kühlt deutlich ab

Die Anzeichen mehrten sich schon lange, nun wird es "amtlich": Die konjunkturelle Hochphase der letzten Jahre geht ihrem Ende zu. Der Darmstädter Wirtschaftsweise Bert Rürup befürchtet, dass der Rückgang der Arbeitslosenzahlen nicht mehr lange währt. Sogar eine Rezession hält Rürup nicht für undenkbar, glaubt allerdings, dass der hohe Auftragsbestand der Unternehmen hiervor bewahren wird. Dennoch sei festzustellen, dass sich die Wirtschaftslage so schnell verschlechtere, wie es noch selten zuvor der Fall war. Die Produktion geht Monat für Monat zurück, die Umsätze brechen weg und Gewinne bleiben aus. (1)

Barometer auf Tiefststand

Das Konjunkturbarometer des Zentrums für Europäische Wirtschaftsforschung (ZEW) bestätigt die Abkühlung. Mit minus 63,9 Punkten sackte es auf den niedrigsten Stand seit Beginn der Erhebung 1991. Der Grund für den Einbruch sind teure Rohstoffe, die weltweite Finanzkrise und der teure Euro, der der Exportnation Deutschland besonders zu schaffen macht. Dennoch sieht auch Wolfgang Franz, Präsident des ZEW, Rezessionsängste als unbegründet an. Die Wirtschaft werde jetzt zwar langsamer wachsen, aber nicht schrumpfen, so der Wirtschaftsweise. (2)

Rückgang im zweiten Quartal

Regierungsexperten schätzen indessen, dass die deutsche Wirtschaft im zweiten Quartal doch schon einen Rückgang verzeichnen musste, nämlich um 0,7 bis 1,5 Prozent. Würde sich dies im laufenden Vierteljahr wiederholen, läge per Definition eine Rezession vor. Das ZEW prognostiziert ein Anziehen der Konjunktur erst für das vierte Quartal. Insgesamt werde die deutsche Wirtschaft, infolge des starken ersten Quartals, laut ZEW in diesem Jahr dennoch um zwei Prozent wachsen, im nächsten Jahr etwas weniger. (1), (2)

Die Unternehmen streichen Arbeitsplätze

Auf die Personalpolitik der Unternehmen gewinnen die Konjunktureinbußen immer mehr Einfluss. BMW will 8 000 Stellen streichen, Siemens 5 250, bei Infineon ist von 2 000 Stellen die Rede. 4 000 Kündigungen sollen es bei der Deutschen Telekom werden. Die Automobilindustrie leidet unter den hohen Spritpreisen und verkauft deutlich weniger Autos - wovon die Zulieferbetriebe gleich mit betroffen sind. Besonders gebeutelt ist die Kreditbranche, die seit einem Jahr mit den Folgen der Subprime-Krise kämpft. So sollen bei der HypoVereinsbank 2 500 Arbeitsplätze zur Disposition stehen, bei der WestLB sind es 1 500 Jobs. (1), (9)

Die Finanzkrise erlebt eine neue Welle

Seit gut einem Jahr hält die internationale

Finanzkrise die Weltwirtschaft im Griff - und wirkt sich immer heftiger auf die Konjunktur aus. Derzeit erlebt der Kreditsektor eine "vierte Welle" schlechter Nachrichten: Die US-amerikanischen Immobilienfinanzierer Freddie Mac und Fannie Mae stehen vor der Pleite. Analysten glauben, dass die beiden Unternehmen rund 75 Milliarden Dollar zusätzliches Kapital benötigen, um Lizenzvorschriften erfüllen zu können. Die US-Regierung plant Presseberichten zufolge, die notwendige Kapitalspritze zur Verfügung zu stellen. Die Verluste der Citigroup, die ihre Deutschlandtochter Citibank kürzlich an die französische Credit Mutuel verkaufen musste, belaufen sich derzeit auf 27 Milliarden Euro. Bei der Schweizer Großbank UBS sind es 24 Milliarden, bei der Deutschen Bank knapp fünf Milliarden Euro. (3)

Abhängig vom Rest der Welt

Die enge Verflechtung des Exportweltmeisters Deutschland mit der Weltwirtschaft könnte sich in der jetzigen Situation zu einem Nachteil verkehren. Seit dem Jahrtausendwechsel sind die deutschen Exporte um 62 Prozent in die Höhe geschossen. Ebenso eindrucksvoll ist der Anteil der Ausfuhren am Bruttoinlandsprodukt: Er stieg innerhalb von 15

Jahren von 24 auf 47 Prozent. Aus dieser Exportorientierung resultiert nun andererseits eine Abhängigkeit von den Weltmärkten, die durch die Inlandsnachfrage nicht mehr kompensiert werden kann. Die Hoffnung der Wirtschaft, sich vom allgemeinen Abwärtstrend abkoppeln zu können, wird sich augenscheinlich nicht erfüllen. (1)

Auch die Börsen im Keller

Das konjunkturelle Geschehen bildet sich an den aktuellen Börsenkursen deutlich ab. Seit dem Jahresbeginn hat der Leitindex Dax rund 25 Prozent verloren. (2)

USA reagiert mit Konjunkturprogramm

In die allgemeine Baisse hinein wird der Ruf nach konjunkturstützenden Programmen immer lauter. In den USA hat man sich hierfür schon entschieden. Das beschlossene Konjunkturpaket besteht vor allem aus Steuerentlastungen für die Bürger in Höhe von rund 150 Milliarden Dollar. Durch die ausgegebenen Steuergutscheine soll der private Konsum stimuliert werden. Das ohnehin hohe Haushaltsdefizit der USA wird durch die Maßnahme allerdings noch weiter ansteigen: 2009 wird es mehr als 400 Milliarden Dollar betragen. Die Politik kreditfinanzierter Ausgabensteigerung geht auf den britischen Ökonomen John Maynard Keynes zurück.

In Deutschland stößt das US-Programm bei manchen Ökonomen auf Unverständnis. Der Direktor des Hamburgischen Weltwirtschaftsinstituts (HWWI), Thomas Straubhaar, meinte: "Es gibt in Amerika strukturelle Probleme, auf die man nicht mit Konjunkturprogrammen reagieren soll, die wieder Konsumieren auf Pump belohnen." (4)

Eine Option auch für Deutschland? - Das Glos-Programm

Gleichwohl gibt es auch in Deutschland Stimmen, die ein Programm zur Ankurbelung der schleppenden Konjunktur fordern - beispielsweise Peter Bofinger vom Sachverständigenrat. Auch Bundeswirtschaftsminister Michael Glos wirbt für ein aktives Gegensteuern. Das Konjunkturprogramm des Bundeswirtschaftsministeriums ist bereits fertig ausgearbeitet und sieht umfangreiche Steuersenkungen genauso vor wie zusätzliche staatliche Investitionshilfen in Höhe von zehn Milliarden Euro. Wirtschaftsforschern fällt dabei auf, dass das Glos-Programm bis ins Detail den Vorgaben des britischen Wirtschaftsgelehrten John Maynard Keynes folgt. Die alte Pendlerpauschale soll wieder eingeführt, der Freibetrag bei der Einkommenssteuer angehoben und eine Steuerreform angeschoben werden. Zudem soll es Steuerhilfen für die Renovierung privater Wohnungen und Häuser geben. Glos wünscht sich einen Aufschwung, der vor allem vom Handwerk getragen wird. (1), (2), (7)

Keine Lust auf Keynes

Bei deutschen Wirtschaftsfachleuten haben die Lehren Keynes' indessen größtenteils keinen guten Stand. Die Wirtschaftsprofessorin Beatrice Weder di Mauro, die auch Mitglied des Sachverständigenrats ist, hat sich noch vor wenigen Monaten klar gegen ein Konjunkturprogramm ausgesprochen. Auch der Chefvolkswirt der Commerzbank, Jörg Krämer, warnte vor einem "Ankurbelungsprogramm mit mehr Staatsausgaben und mehr Staatslenkung." Angeführt wird, dass sich die in Wirtschaftsprogramme gesetzten Hoffnungen in der Vergangenheit nie erfüllt hätten. Stattdessen sei nur eine steigende Verschuldung die Folge gewesen. (4)

Die Politik ist uneins

Auch in der Politik sind die Positionen gegenüber einem konjunkturellen Eingriff uneinheitlich. Björn Böhning von der SPD will es, während sich Bundesfinanzminister Peer Steinbrück gegen eine staatliche Konjunkturspritze ausgesprochen hat. Er will stattdessen der Haushaltskonsolidierung Vorrang geben. Finanzstaatssekretär Thomas Mirow wies darauf hin, dass frühere Beschlüsse der großen Koalition bereits eine konjunkturfördernde Wirkung entfalteten. Hierzu zähle die Unternehmenssteuerreform und die Senkung des Beitrags zur Arbeitslosenversicherung. Alleine hierdurch würden Unternehmen und Bürgern 25,6 Milliarden Euro zur Verfügung gestellt. Die Entlastung sei dem Umfang des US-Konjunkturprogramms daher vergleichbar. (4), (6)

Machtwort der Kanzlerin

Bundeskanzlerin Angela Merkel hat dem

Konjunkturprogramm des Wirtschaftsministeriums vor wenigen Tagen eine klare Absage erteilt. Auch Finanzminister Peer Steinbrück bekräftigte noch einmal seine Ablehnung. Das Programm sei ein "Trostpflaster ohne jede nachhaltige Wirkung." Das Wirtschaftsministerium bemühte sich daraufhin, den Eindruck zu erwecken, dass das Programm ohnehin erst für spätere Zeiten geplant sei.

Ob die Frage nach einer Konjunkturspritze hiermit vom Tisch ist, bleibt indessen fraglich. Sollte sich die deutsche Wirtschaft auf eine Talfahrt begeben, kommt die Idee konjunkturfördernder Maßnahmen sicherlich wieder auf den Plan. Zurzeit allerdings scheint die Zeit dafür noch nicht reif zu sein. (5)

Fallbeispiele

Automobilhersteller in der Klemme

Daimler und kürzlich auch BMW haben ihre Aktionäre mit Gewinnwarnungen verschreckt.

Daimler-Aktien drehten daraufhin sofort ins Minus und beendeten den Tag als Dax-Schlusslicht. Die Schwäche von BMW war noch weniger erwartet worden. Die Gewinnprognosen aus München gelten normalerweise als verlässlich - auch in Krisenzeiten. (9)

Weiterführende Literatur

(1) Gut war gestern
aus Der Spiegel, 28.07.2008, Nr. 31, Seite 22

(2) Konjunkturpessimismus so groß wie noch nie
ZEW-Index fällt auf niedrigsten Stand seit Beginn der Erhebung 1991 - Experten warnen vor Panikmache
aus DIE WELT, 16.07.2008, Nr. 165, S. 11

(3) Die vierte Welle der Finanzkrise
aus Frankfurter Allgemeine Zeitung, 09.07.2008, Nr. 158, S. 19

(4) Ökonomen warnen vor Konjunkturprogramm
aus Frankfurter Allgemeine Zeitung, 06.02.2008, Nr. 31, S. 11

(5) Kein Konjunkturprogramm
aus Frankfurter Allgemeine Zeitung, 28.07.2008, Nr. 174, S. 13

(6) Ein Programm zur Wiederbelebung
aus Der Tagesspiegel Nr. 19977 VOM 28.07.2008 SEITE

002

(7) Glos kämpft gegen Talfahrt der Wirtschaft
aus Saarbrücker Zeitung vom 28.07.2008

(8) Durchatmen und auftanken
aus HANDELSBLATT online 30.07.2008 06:00:00

(9) O.V., BMW schockiert Anleger mit
Gewinnwarnung, Spiegel online, 01.08.2008
aus HANDELSBLATT online 30.07.2008 06:00:00

Impressum

Der Aufschwung vor dem Ende - kommt jetzt Keynes?

Bibliografische Information der deutschen Nationalbibliothek

Die Deutsche Nationalbibliothek verzeichnet diese Publikation in der deutschen Nationalbibliografie; detaillierte bibliografische Daten sind im Internet über http://dnb.d-nb.de abrufbar.

ISBN: 978-3-7379-1643-1

© 2015 GBI-Genios Deutsche Wirtschaftsdatenbank GmbH, Freischützstraße 96, 81927 München, www.genios.de

Alle Rechte vorbehalten. Dieses Werk ist einschließlich aller seiner Teile – z.B. Texte, Tabellen und Grafiken - urheberrechtlich geschützt. Jede Verwertung außerhalb der Grenzen des Urheberrechtsgesetzes bedarf der vorherigen Zustimmung des Verlags. Dies gilt insbesondere auch für auszugsweise Nachdrucke, fotomechanische Vervielfältigungen (Fotokopie/Mikroskopie), Übersetzungen, Auswertungen durch Datenbanken oder ähnliche Einrichtungen und die Einspeicherung und Verarbeitung in elektronischen Systemen.